AF403336

Madame Chrysanthème

COMÉDIE LYRIQUE

EN QUATRE ACTES, UN PROLOGUE ET UN ÉPILOGUE

D'APRÈS

PIERRE LOTI

POÈME DE

GEORGES HARTMANN & ANDRÉ ALEXANDRE

MUSIQUE DE

ANDRÉ MESSAGER

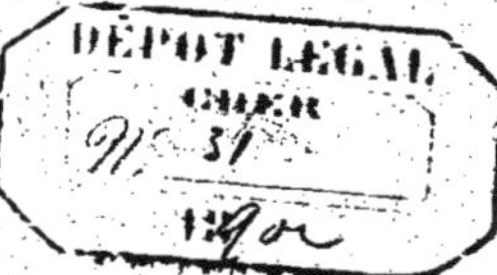

———— ·✻· ————

PARIS

CHOUDENS, ÉDITEUR

BOULEVARD DES CAPUCINES (AU COIN DE LA RUE CAUMARTIN)

Propriété enregistrée pour tous pays

1902

8° Yth
29973

MADAME

CHRYSANTHÈME

COMÉDIE LYRIQUE

Représentée pour la première fois, le 30 janvier 1893,
sur le Théatre-Lyrique (Renaissance)

Direction : Léonce Détroyat

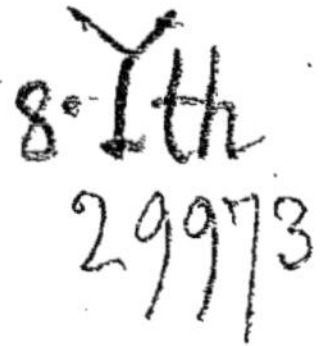
8° Yth
29973

Madame
Chrysanthème

COMÉDIE LYRIQUE

EN QUATRE ACTES, UN PROLOGUE ET UN ÉPILOGUE

D'APRÈS

PIERRE LOTI

POÈME DE

GEORGES HARTMANN & ANDRÉ ALEXANDRE

MUSIQUE DE

ANDRÉ MESSAGER

—·⋈·—

PARIS

CHOUDENS, ÉDITEUR

BOULEVARD DES CAPUCINES (AU COIN DE LA RUE CAUMARTIN)

Propriété enregistrée pour tous pays

1902

PERSONNAGES

PIERRE, enseigne de vaisseau . . . . . MM.   DELAQUERRIÈRE.
YVES, matelot . . . .   JACQUIN.
MONSIEUR KANGOUROU . . . .   CH. LAMY.
MONSIEUR SUCRE . . . .   DECLERCQ.
UN GABIER . . . .   GESTA.
CHARLES,   »
RAOUL,   } officiers de marine,   CHASSAING.
RENÉ,   amis de Pierre.   HALARY.
MADAME CHRYSANTHÈME. . . . Mmes   JANE GUY.
OYOUKI, fille de Mme Prune . . . .   NETTIE LYNDS.
MADAME PRUNE, vieille japonaise. .   CAISSO.
MADAME FRAISE,   MICOT.
MADAME JONQUILLE, } amies de   DEVINCK.
MADAME CAMPANULE, Chrysanthème   BERTHA.

OFFICIERS, MATELOTS, EUROPÉENS,
JAPONAIS, JAPONAISES

L'action se passe au Japon, de nos jours.

Pour les représentations et la location de la partition et des parties d'orchestre, s'adresser à l'éditeur, M. CHOUDENS, 30, boulevard des Capucines, seul propriétaire pour tous pays.

MADAME CHRYSANTHÈME

PROLOGUE

En mer, aux environs de deux heures du matin, par une mer calme, sous un ciel plein d'étoiles.

MUSIQUE

(Le rideau se lève.)

La passerelle d'un bâtiment de guerre sur laquelle, accoudés, se tiennent Pierre et Yves en contemplation ; dans la hune du grand mât, un gabier dont la voix s'élève au milieu de la nuit transparente.

LA VOIX DU GABIER

Quand les Bretons voyaient passer dans la campagne
Saint-Yves revêtu de son vieux manteau gris,
Ils se disaient que Dieu l'avait mis en Bretagne
Pour défendre des grands les faibles, les petits !

Un silence pendant lequel continue la symphonie du calme de la mer et de la nuit; puis, sur la musique, se prolonge le dialogue suivant :

PIERRE

Yves...

YVES

Notre Bretagne!... Elle est loin à cette heure!...
C'est du Japon qu'il s'agit maintenant...

PIERRE, mélancoliquement

Oui...

YVES

Comme vous dites ça, lieutenant?
Hier, votre impression me paraissait meilleure.
Vous contiez : Je me marierai
Aussitôt arrivé là-bas...

PIERRE, souriant à son tour

Eh! oui, c'est vrai...
Avec une petite femme
A cheveux noirs, peau jaune et prunelles de chat...
Elle s'appellera Madame...?
Un nom de fleur...

YVES, continuant

Il me plaisait qu'elle parlât
Sobrement, qu'elle eût la taille d'une poupée...

PIERRE, de même

De sa mise, toujours l'âme préoccupée...

YVES

Vous ajoutiez : Tu logeras chez nous...

PIERRE

Cela
Se passera

Dans une maisonnette en papier...

YVES

Bien à l'ombre !

PIERRE

Bien à l'ombre ! Au milieu d'un petit jardin sombre;
Je veux que tout soit fleurs, chansons dans les bosquets ;
Chaque aube on remplira la maison de bouquets
Tels que jamais tu n'en as vus : parfums, corolles
Étranges comme notre hymen...
Ainsi disais-je !... Toi, tu répondais *amen*
A toutes mes paroles...

Silence.

YVES

Et tous ces beaux projets ?

PIERRE

Tout cela disparu !...
Aujourd'hui devant l'inconnu
Qui s'annonce, devant la nouvelle existence
Qui nous attend, je pense
Que nous sommes bien loin de Toulven, de Kerlaz...
Je songe aux belles nuits sur les plages qu'inonde
Le parfum des genêts bretons !... Je songe, hélas !...

LA VOIX DU GABIER

Ils se disaient que Dieu l'avait mis en Bretagne
Pour défendre des grands les faibles, les petits!...

YVES, répondant à la pensée du lieutenant

Bah !... lieutenant... la mer, ici... là-bas !...
C'est toujours la même eau !... La femme dans ce monde,

La femme, voyez-vous, au sud, à l'est, au nord,
C'est...

LE GABIER, subitement et à haute voix

Terre droit devant, à trois quarts de tribord !

Au même moment retentissent le roulement des tambours
et la sonnerie des trompettes annonçant le réveil à bord.
Du cintre et des dessous descendent et montent des nuages
sombres qui s'éclaircissent peu à peu. Au moment où ils se
rejoignent, l'orbe d'un soleil levant s'y dessine, d'abord
indistinct, puis plus éclatant et grandissant toujours. C'est
le lever du soleil dans toute sa splendeur d'or.
En même temps que l'astre monte à l'horizon, la manœuvre
du décor s'achève et le rideau de nuages, en disparaissant,
laisse apercevoir en plein jour le décor du tableau suivant.

ACTE PREMIER

Au fond, se détachant sur le vert intense d'une muraille de montagnes, le silhouette des pagodes et des habitations de Nagasaki. Sur le devant, le pont du navire, envahi par une foule de marchands japonais empressés, comiques.

SCÈNE PREMIÈRE

MARCHANDS, MARCHANDES, MATELOTS,
puis des GUÉCHAS

LES MARCHANDS

Les matelots ! Les matelots !
Voici des bibelots !

HOMMES

Des potiches avec l'image
De Bouddha, des Dieux du Japon !

FEMMES

Des cigales en cage
Des tasses, du savon !

UNE VOIX

Deux piastres !

UN GROUPE

Des ragoûts, des soupes, des assiettes !

UN AUTRE GROUPE

Des boutons de manchettes.

MATELOTS

Quel tapage ! quels cris !

FEMMES

De petites souris
Toutes blanches et frêles
Faisant tourner les ailes
De moulins en carton.

DES VOIX

Achetez donc ! Achetez donc !
Trois piastres !

FEMMES

Des porcelaines,
Des théières pleines,
Des papiers de riz
Très forts et très souples,
Où l'on voit des couples
S'embrasser, ravis !

TOUS LES MARCHANDS

Achetez ! Achetez ! Deux piastres, ces merveilles !

MATELOTS

C'est à se boucher les oreilles !
Quel tapage ! quels cris !

Entrée d'un groupe de Japonaises et de Japonais d'où se détachent trois Guéchas (danseuses et chanteuses de profession).

JAPONAIS

Les Guéchas ! les Guéchas ! Au son de leurs guitares
Elles vont chanter et danser !

MATELOTS

Nous applaudirons vos rythmes bizarres,
Guéchas, vous pouvez commencer !

Le silence se fait autour d'elles, les matelots debout, formant
groupes avec les marchands japonais accroupis. — Pierre,
Yves, d'autres officiers ont paru, attirés par le chant des
Guéchas.

SCÈNE II

Les Mêmes, PIERRE, YVES, CHARLES,
RAOUL, RENÉ

La première Guécha (*Chrysanthème*) chante une légende pendant que les deux autres Guéchas ponctuent les refrains
de la légende d'un pas de danse, tournant très lentement
sur elles-mêmes.

CHRYSANTHÈME

La mousmé, dans ses doigts frêles
Tient un beau lotus d'argent ;
Un papillon voltigeant
Touche la fleur de ses ailes.

La mousmé sourit et sourit encor
Regardant la fleur, le papillon d'or.

Sur la fleur à demi close
Voici que le papillon,
Grisé par la passion,
Le papillon d'or se pose.

La mousmé le voit, la mousmé sourit :
Comme un amoureux perd vite l'esprit !

O fleur, chère créature,
Je n'ai rencontré jamais
Tant de grâce, tant d'attraits,
Respiré d'odeur si pure.

La mousmé sourit, poussant un soupir ;
Comme les amants savent bien mentir !

Trêve, trêve de paroles !
La fleur se venge à l'instant.
Sur le papillon mourant
Elle ferme ses corolles.

O mortels baisers, fragiles amours !
La mousmé sourit et sourit toujours...

LES MATELOTS

Vivent les danseuses
Sveltes, amoureuses
Comme un papillon
Caressant les fleurs ! Vive le Japon !

YVES, désignant à Pierre la chanteuse

Oh ! très gentille... Pour sûr qu'elle va vous plaire !..

PIERRE

Laquelle ?

YVES

La chanteuse !... Eh oui...
Avec ses yeux bridés, son petit air d'ennui
Et sa ceinture mauve... Oh ! mais, regardez, frère...

PIERRE, s'approchant

C'est vrai pourtant... Son regard, son maintien
Parlent en sa faveur... elle est tout à fait bien !...

Il va vers elle. Peu à peu, officiers, matelots, marchands, tout
le monde s'est éloigné. Les deux guéchas et Yves se retirent
également.

SCÈNE III

CHRYSANTHÈME, PIERRE

PIERRE

Que chantiez-vouc? Sans doute une légende
De ce pays?

Affirmation muette de la jeune fille.

Qui donc vous l'enseigna?

LA GUÉCHA

Je n'étais pas encor bien grande
Que je la connaissais déjà
Cette chanson, qu'elle était déjà mienne...

Mouvement de surprise de Pierre.

Quand on veut devenir guécha, musicienne,
Un vieux bonze vous donne, en même temps qu'un nom,
Un poème béni par la sainte Kouannon.
Ce chant qui préside à nos destinées
Doit conjurer le sort et fleurir nos années
De jours calmes et doux:
Si parfois le bonheur peut exister pour nous,
Guéchas, à la vie âpre et vagabonde,
Grâce à ce chant, nos cœurs souriront en ce monde.

PIERRE

Elle est charmante, cette enfant ;
Elle parle d'un air naïf et confiant...
D'où venez-vous, chanteuse, où donc êtes-vous née?

LA GUÉCHA

C'est à Yeddo
Près du palais du Mikado
Que je reçus le jour et fus abandonnée.

Le blanc « Camélia »,
La petite « Jonquille »,
Voilà
Comme en chantant j'appelle ma famille,
Mes parents inconnus.

PIERRE, à part

Elle est mignonne, et fine et bien jolie...
Elle sent bon... ses yeux sont ingénus...
Pleins de câlinerie...

Il réfléchit un instant.

Et puisqu'il faut qu'en ce pays je me marie...

Il regarde tendrement et en souriant la guécha.

LA GUÉCHA, à part

Pourquoi ce sourire, pourquoi
Ces yeux fixés sur moi,
Et qui me font baisser la tête ?
D'où vient que je suis émue, inquiète ?

PIERRE, reprenant

Ainsi qu'une enfant à moi confiée
Je la respecterais ! Vraiment
J'oublierais d'être son amant...
Le trésor de petite fée !
Le ménage amusant que l'on ferait tous deux !
Ni reproches, ni pleurs, ni parole jalouse.
Comme épouse
J'aurais grand'peine à trouver mieux !

LA GUÉCHA, à part

Je frissonnais tout bas... Etait-ce d'épouvante
Quand son regard cherchait le mien ?
Oh ! non, je le sens bien,
Une étrange douceur me rendait frissonnante.

PIERRE, reprenant

Donc, vos parents étaient le « blanc Camélia »,
« La petite Jonquille »... Et vous-même, guécha...
Vous vous appelez ?...

LA GUÉCHA

Je me nomme...

Au même moment, et avant qu'elle ait pu repondre, des rires,
des exclamations subits éloignent Pierre de la guécha. Entrée. de Monsieur Kangourou, figure à la fois rusée et
niaise, presque pas d'yeux. Révérence à la japonaise, plon-
geon brusque, les mains posées à plat sur les genoux, le
torse faisant angle droit avec les jambes comme si le bon-
homme se cassait, petit sifflement de reptile que l'on pro-
duit en aspirant la salive entre ses dents et qui est le dernier mot de la politesse obséquieuse de l'Empire. Yves
s'est rapproché de Pierre, la guécha s'éloigne.

SCÈNE IV

PIERRE, YVES, Monsieur KANGOUROU,
Officiers, Matelots

YVES

Ah ! lieutenant ! là-bas, regardez donc cet homme...
Il s'approche de nous... Ces plongnons vers le sol,
Cette canne à la main... ces gants de filoselle...
Comme il est drôle... un vrai guignol
Qu'on tire par une ficelle...

KANGOUROU, se présentant lui-même, à Pierre, avec volubilité

Je suis Kangourou-San*, vi, missieu, vi, missieu,
Blanchisseur, interprète,
Et, j'en risque l'aveu,
Poète...

* San veut dire monsieur, madame, mademoiselle ; s'ajoute
après tous les noms propres. Kangourou-San : monsieur
Kangourou.

Fournisseur de toutes les Cours
Etrangères... et davantage !
Agent discret pour mariage,
Discret, vi, missieu, vi missieu, toujours !
Vi, missieu, vi, missieu, l'agence
Kangourou-San... Empressement, prudence,
Célérité, discrétion !...
Connais le Mikado, peux avoir audience...
Voulez-vous converser avec ces dames ? Bon...
Ce que vous aurez à dire
Je vais le traduire
Honnêtement... Vi, missieu, vi, missieu !
Tout cela pour moi n'est qu'un jeu.
Avez-vous à blanchir du linge, vite, vite,
Que nul n'hésite,
Donnez ! Je le rendrai plus neuf, plus blanc, plus fin.
Vi, missieu, vi, missieu, parle tous les langages :
Anglais, français, européens, sauvages !
Tout ce qu'on veut, je l'ai là, sous la main ;
Kangourou-San, missieu, blanchisseur, interprète...
Poète !...

Pierre s'approche de lui en souriant, mais avant qu'il lui
ait adressé la parole

KANGOUROU

Ai votre affaire absolument,
Suis très flatté, missieu, de votre confiance...

PIERRE

Comment cela, monsieur Kangourou ?

KANGOUROU

Quelle chance !
Vi, missieu, vi, missieu, mariage charmant...
Famille distinguée, adorable fillette,
Un cœur d'or... Viendront dans huit jours de Kioto.

PIERRE, *très jovial*

Comment, huit jours ?

KANGOUROU

Ah ! missieu veut plus tôt...
Si j'avais pu prévoir... Hélas ! la chose est faite...
Mademoiselle Œillet, une perle, un trésor...
Et bonne, vi, missieu, si franche, sans astuce.
Ah ! l'implacable sort !
Enlevée avant-hier par un officier russe...

PIERRE

Oh ! par un Russe...

Il s'incline avec déférence.

Mais... Mais, monsieur Kangourou,
Cette chanteuse au regard un peu triste...

Kangourou fait mine de chercher dans sa mémoire.

Celle de tout à l'heure... une réelle artiste ?...

KANGOUROU, *qui se souvient ; avec une compassion méprisante*

Une Guécha, missieu, sortie on ne sait d'où ;
Pas de parents, chose notoire !
Elève du Conservatoire
De Yeddo.

PIERRE

Quel dédain !
Il me semble qu'en France,
Au Conservatoire !... Etrange différence
De latitude... Enfin !
C'est dommage, elle était gentille...
Frère Yves, quel était son nom ?

Yves fait signe qu'il l'ignore.

KANGOUROU, *revenant à ses premières idées*

Missieu, missieu, pardon...

PIERRE, à part

Elle me plaisait, cette jeune fille...

KANGOUROU, continuant

Mademoiselle Jasmin ?...
Figure très régulière,
Et celle-là, c'est demain,
Cette nuit même, j'espère !...

PIERRE, s'impatientant

Non, monsieur Kangourou.
Ce nom ne me dit rien du tout...

KANGOUROU, un peu désappointé

Oh ! Missieu, si j'hésite,
C'est le choix merveilleux...
J'en connais encor trente-deux !

Regardant Pierre d'un air rusé

Ah ! Mademoiselle...

PIERRE, s'apprêtant à lui tourner le dos

Oui, demain !

KANGOUROU, triomphant

Non, tout de suite !

PIERRE

Comment donc ?

KANGOUROU

Je l'avais amenée avec moi !

PIERRE

Ah ! ce Kangourou ! très malin, ma foi !

Kangourou sort précipitamment, se dirigeant vers l'arrière-pont du navire.

YVES, s'approchant de Pierre

Frère, a-t-il eu votre pratique ?
Il sifflait comme un nid de merles dans les ifs.

PIERRE

Quel est l'échantillon nouveau de botanique
Qu'il va nous ramener ?

Sur les accents d'une petite marche nuptiale paraît un
cortège qui défile devant Pierre et les officiers.

SCÈNE V

PIERRE, YVES, KANGOUROU, CHRYSAN-
THÈME voilée, MONSIEUR SUCRE,
MADAME PRUNE, Témoins, Famille,
Japonais, Officiers

Pendant la musique de la marche, M. Kangourou présente à
Pierre un vieux Japonais silencieux, desséché comme une
momie, dans une robe de coton bleu, et une vieille Japonaise ridicule, empressée, obséquieuse, aux sourcils rigou-
reusement rasés, aux dents soigneusement laquées de noir,
comme il sied à une dame très comme il faut, la figure
poudrée à blanc.

KANGOUROU, avec dignité

Les parents adoptifs
De l'épouse... Monsieur Sucre !... Madame Prune !...

YVES, à Pierre

Oh ! cette vieille... un clair de lune...
Lieutenant, vous n'allez pas l'embrasser au moins !

PIERRE, avec une gravité comique

Yves, soyons corrects !

KANGOUROU, continuant les présentations
Puis Oyouki, leur fille !
La famille !
Les témoins !
Et la fiancée elle-même...
Il amène la jeune fille par la main, il la conduit sous les yeux
de Pierre intrigué
Enlevons-lui d'abord
Son voile...
Il ôte délicatement l'étoffe qui lui couvrait la tête, sans
quitter Pierre du regard.

PIERRE, reconnaissant la jeune guécha et éclatant de rire
La chanteuse !... Il est vraiment très fort
Ce monsieur Kangourou...

KANGOUROU, s'inclinant très digne et présentant la fiancée
Madame Chrysanthème !

Rideau

ACTE DEUXIÈME

LA MAISON DE CHRYSANTHÈME

Vestibule. dont les côtés ouverts donnent sur un couloir abrité par le prolongement du toit et qui circule autour des appartements. Ce couloir ou balcon sert de communication entre les différentes pièces et donne accès dans le jardin.

Le fond et les côtés sont fermés par des châssis de bois très légers glissant dans des rainures en haut et en bas et recouverts de papier blanc, orné d'un semis de petites, microscopiques tortues bleues à plumes.

Les boiseries du plafond sont compliquées et ingénieuses, le plancher est recouvert de tatamis, paillassons très fins et très épais retenus dans des cadres de bois rectangulaires.

Comme meubles, rien que des petits paravents, des petits tabourets bizarres, supportant des vases avec des bouquets. Sur le côté gauche de l'appartement, dans un retiro qui forme autel, un grand Bouddha doré trônant dans un lotus ; devant l'autel, deux lampes suspendues, d'une forme religieuse, qui brûlent devant l'idole dorée.

Au lever du rideau, madame Prune est en dévotions devant l'autel de Bouddha.

SCÈNE PREMIÈRE

MADAME PRUNE

MADAME PRUNE

Je vous estime et vous implore,
Ama-Terace, Omi-Kami,
O saint roi qui trônez parmi
Les lotus et l'aurore !

O très puissant, dont j'adore la loi !
Dieu de pureté, faites
Que je devienne aussi candide que vous l'êtes ;
Blanchement, très blanchement, lavez-moi
De mes souillures
Présentes ou futures,
Ainsi qu'on lave toute impureté dans l'eau
De la rivière de Kamo !

Je crois en vous, astre, rayon, lumière !
Que votre grand esprit m'éclaire,
Me guide jusqu'au bout !
Faites-moi devenir d'une richesse extrême,
Conservez la santé de ceux que j'aime...
Et la mienne, avant tout.

Je vous estime et vous implore,
Ama-Terace, Omi-Kami,
O saint roi qui trônez parmi
Les lotus et l'aurore !

Madame Prune, se relevant, se dirige vers le fond et entr'ouvre légèrement et avec précaution les glissières ; à travers l'ouverture faite, on aperçoit un tendelet de gaze d'un bleu vert très sombre, d'une couleur de nuit, tendu sur des rubans d'un jaune orange et sous lequel sont censés reposer Chrysanthème et Pierre.

MADAME PRUNE, refermant doucement les glissières

Ils dorment encore !... Ah ! sont-ils assez jolis,
Les nouveaux mariés... Deux cœurs bien assortis...
Tous ces Européens ont je ne sais quel charme
                Qui nous prend,
                Nous désarme,
    Faibles femmes !... Tous ? Non pas, mais le grand,
            Eh ! oui, celui qu'on nomme
            Monsieur Yves... Quel homme
        Gracieux !... Un regard si doux !...
        Ah ! monsieur Sucre, mon époux,
        Si vous ne peigniez d'aussi belles
Cigognes et si ma vertu n'était de celles
Qu'on n'égare jamais... ah ! l'immense péril...

KANGOUROU, au dehors

Tout est prêt...

MADAME PRUNE

Ce monsieur Yves, qu'il est gentil !

A ce moment, sur la vérandah de droite, a paru Yves accompagné de M. Kangourou. Cri de madame Prune qui court
se remettre en prières, non sans avoir jeté un long regard
très tendre à Yves.

MADAME PRUNE

Je vous estime et vous implore,
Ama-Terace, Omi-Kami !

SCÈNE II
MADAME PRUNE, KANGOUROU, YVES

KANGOUROU, entrant et s'adressant à Yves

Voilà qui est fait !

S'apercevant que quelqu'un est en prières, il s'interrompt, se
tourne vers l'autel et s'incline respectueusement. Yves
considère la scène en souriant.

KANGOUROU, continuant et remettant des papiers à Yves

Tout est en ordre, missieu Yves, comme tout ce que fait l'agence Kangourou, et voici l'acte authentique, très sérieux, du mariage du lieutenant avec mademoiselle Chrysanthème, signé et contresigné par les autorités japonaises... et par moi.

YVES, riant

Par vous ?

KANGOUROU

Comme témoin, vi missieu !

YVES

Ah ! parlez-moi du Japon pour aller rondement... Chez nous monsieur Kangourou, à Toulven, en Bretagne...

KANGOUROU, important

Vi, Vi, Grande-Bretagne.

YVES

Mais non, monsieur Kangourou, en France, s'il vous plaît... Eh bien, on ne se marie pas si aisément... Ainsi moi...

Tout en continuant, d'une façon distraite et espacée, ses litanies religieuses, madame Prune s'est peu à peu rapprochée d'Yves et de M. Kangourou dont elle écoute la conversation.

MADAME PRUNE

Lui !...

YVES, continuant

... Quand je me suis marié...

MADAME PRUNE, défaillant

Sainte Kami ! Il est marié ! Ah ! Ah !

YVES, *se retourne aux exclamations de madame Prune et la reçoit dans ses bras*

Eh bien ! eh bien ! Qu'est-ce qu'elle a, madame Prune ?

MADAME PRUNE, *répétant machinalement*

Il est marié ! il est marié !

YVES, *craignant de comprendre, la repasse à Kangourou et s'éloigne d'elle avec une terreur comique*

Hein ? Je vais appeler monsieur Sucre.

MADAME PRUNE, *revenant à elle subitement*

Non, non... pas lui surtout !... (A part et toujours désolée.) Il est marié !

YVES

Mais vous aussi, madame Prune, vous êtes mariée.

MADAME PRUNE

Oh ! oui, mais ce n'est pas le même chose...

YVES

C'est vrai... le Japon, toujours le Japon !...

Monsieur Sucre vient d'entrer, long, mince, silencieux, tenant un grand rouleau sous le bras ; il se dirige automatiquement vers le panneau de droite, lorsque madame Prune, l'apercevant, l'arrête et le présente à Yves.

SCÈNE III

LES MÊMES, MONSIEUR SUCRE

MADAME PRUNE, *à Yves*

Monsieur Sucre, mon mari !

YVES

Enchanté, monsieur Sucre...

Monsieur Sucre s'incline à son tour et reprend sa marche
vers le panneau du mur sur lequel il se dispose à accrocher
le kakémono qu'il tient à la main. Madame Prune sort,
non sans jeter encore quelques regards langoureux à Yves.

YVES, à Kangourou

Très distingué, monsieur Sucre, pas bavard, mais bien
distingué... Qu'est-ce qu'il fait ?

KANGOUROU, souriant

Lui ? Rien !... Ah ! si, des cigognes ! avec un talent et
une souplesse de main... Tenez, sans regarder, je parie
qu'il va accrocher là-bas les cigognes du vice-amiral.

YVES, intrigué

Comment cela ?... les cigognes du vice-amiral ?

KANGOUROU

Vi, missieu Yves, celui de la dernière expédition...
C'était aussi un de mes clients. Madame Prune le trou-
vait très à son goût...

YVES, désignant Monsieur Sucre

Faites donc attention, il vous entend.

KANGOUROU, sans s'émouvoir

Cela ne fait rien, missieu Yves.

YVES

Ah ! oui, au Japon... Diable de Japon ! va !

KANGOUROU, continuant

Et monsieur Sucre s'était mis en devoir de lui peindre
quelques cigognes...

YVES, ne comprenant pas

Ah !

KANGOUROU, avec des sous-entendus

Vi, missieu Yves, une habitude..., un moyen d'occuper
ses loisirs..., pendant que madame Prune... Tout Nagasaki a des cigognes de Monsieur Sucre...

YVES, ébahi

Ah !

Monsieur Sucre, ayant accroché son kakémono, revient saluer
silencieusement et se dispose a se retirer. Yves a jeté de
loin un regard aux cigognes dessinées sur le kakémono ; il
se croit obligé, pour changer la conversation, de faire un
compliment.

YVES, à Monsieur Sucre, avec enthousiasme

Admirables ! admirables, monsieur Sucre !... (Monsieur
Sucre s'incline.) Alors... ce sont... des cigognes... et
vous faites ça, comme ça... Monsieur Sucre... toujours
des cigognes !...

MONSIEUR SUCRE, qui est resté silencieux jusqu'alors,
s'approche d'Yves, son pinceau à la main

Du papier de riz de qualité fine,
Un pinceau trempé dans l'encre de Chine,
Trempé doucement du bout de la main.
D'abord les deux becs, les pattes ensuite,
Puis le dos, la queue, en allant très vite,
Crac... crac... sans trembler jamais en chemin.

Au-dessus, très haut, dans toute sa gloire,
Le Fusi-Yama, c'est obligatoire ;
A droite, une mouche ; à gauche, une fleur...
Immense plaisir, rapide besogne,
Deux coups de pinceau, crac ! crac ! la cigogne
Est faite !

Saluant

Monsieur, votre serviteur !

Il s'avance vers Yves, se mettant à sa disposition

YVES, se récriant

Ah ! non merci, pas de cigognes pour moi ! (Sur le
geste de refus d'Yves, Monsieur Sucre salue et se retire. —
Yves revenant à Kangourou.) Mais celles-là ?

Il désigne le kakémono.

KANGOUROU

Celles du vice-amiral, missieu Yves ? Elles lui sont
restées pour compte... Le vice-amiral n'a pas pris li-
vraison !

Il se dirige vers la vérandah à droite qui domine le jardin et
s'arrêtant subitement

Ah ! missieu, regardez ! Aimez-vous les poètes ?
Moi je le suis ! Voyez ce gracieux tableau :
Les deux époux, l'un près de l'autre. Qu'il est beau !
Qu'elle est touchante en cueillant des fleurettes
Ruisselantes encor des larmes du matin !
Je sens l'émotion soudain
Pénétrer, envahir mon âme !
O merveilles de style ! ô poèmes de flamme !...
Que j'écrirai... lorsque j'aurai le temps !

Venez, missieu, courons saluer ce printemps !

Ils sortent tous deux par la droite — La scène reste vide un
moment. (Orchestre.) Puis Pierre venant de l'extérieur,
entre par la gauche et regardant de tous côtés.

SCÈNE IV

PIERRE

Oui, c'est bien lui, c'est bien le pays dont mon âme
Avait rêvé là-bas, dans le grande maison
Solitaire et sans flamme,
Au fond de la Bretagne... oui, c'est bien le Japon !

Logis de bambou, de papier,
Au fond d'une paisible ville,
Bouddhas au sourire tranquille,
Tout cela m'était familier...

Oh ! je vous connaissais, arbustes verts et grêles,
Légers torrents, petits ponts de mousse et de bois ;
Cigales qui chantez, stridentes, éternelles,
        Je vous entends comme autrefois.

Même je me souviens...,
                C'était l'heure brûlante
        De midi. Sur un de ces ponts,
        Au chaud soleil, en pleins rayons,
Se détachant comme une fée éblouissante,
        Une mousmé m'apparut tout à coup :

        Robe gris perle avec ceinture
Mauve ; des fleurs d'argent parmi sa chevelure,
        Deux bras jolis, ambrés, sortant du bout
        D'une large manche pagode ;

Sur sa tête rieuse une ombrelle à la mode
        D'un rouge et d'un bleu, clairs,
Légers, où le soleil se mirait au travers !...
        Oh ! l'amour de petite demoiselle !

Et m'approchant, je lisais sur l'ombrelle
        Ces mots, chantants comme un baiser,
            Doux comme son visage :
            « Arrêtez-vous, nuage !...
            Regardez-la passer !... »

Oh ! dites, cette enfant d'une grâce suprême
Dont j'ai rêvé là-bas, sous le toit bien-aimé,
En Bretagne, dites, cette mousmé
Etait-ce vous, petite Chrysantème ?

A ce moment, vêtue identiquement comme il vient de la dépeindre, et portant des fleurs dans les bras, l'ombrelle sur l'épaule, paraît Chrysanthème à droite. Elle s'arrête un instant sur le seuil avant que Pierre l'ait aperçue ; Pierre, la voyant, fait un pas vers elle ; Chrysanthème, souriante, gracieuse, entre en trottinant (les pieds en dedans, ce qui est la suprême distinction). Après avoir fait une révérence à Pierre, elle passe devant lui avec un sourire et va vers les panneaux de gauche, mettre des fleurs dans les vases qui y sont placés.

SCÈNE V

PIERRE, CHRYSANTHÈME

CHRYSANTHÈME

Ces fleurs ici !

Allant vers un autre vase

Là ! ce dahlia fauve et ces brins de fougère...
Là, ce jasmin rempli
De rosée et qui vient d'éclore à la lumière...

Posant encore des fleurs

Puis ce myrte au parfum si doux.

Elle traverse de nouveau la scène, passant devant Pierre qui la contemple ravi, puis revenant sur ses pas, elle lui tend une fleur.

Ah ! pour vous
Cette verveine bleue, un symbole, un emblême,
Devinez !

PIERRE, cherchant à la retenir

Chrysanthème...

CHRYSANTHÈME, avec une intention moqueuse
Grisé par la passion,
Sur la fleur à demi close,
Voici que le papillon
Le papillon d'or se pose.

Regardant Pierre par-dessus l'épaule et avec un sourire un
peu moqueur, elle continue à poser des fleurs dans les
vases.

Deux nèfles à l'âcre senteur
Pour ce Bouddha, cette idole joufflue...

Prenant un chrysanthème et lui faisant une petite révérence
Et vous, chrysanthème, ma sœur,
Je vous salue !
Si vous me faisiez l'amitié
De conter votre sort, est-ce envie ou pitié
Touchante
Que je ressentirais pour vous ?

PIERRE, allant vers elle
Méchante !
C'est à moi d'envier vos fleurs, hélas ! à moi
De plaindre mon destin.

CHRYSANTHÈME
Vous, seigneur, ét pourquoi ?

PIERRE
Pauvres fous que nous sommes !
Comme les hommes
Perdent la tête en vérité,
Devant vous, belles fleurs, pleines de cruauté !

CHRYSANTHÈME, continuant avec un petit air de moquerie
O fleur, chère créature,
Je n'ai rencontré jamais
Tant de grâces, tant d'attraits,
Réspiré d'odeur si pure !...

La mousmé sourit, poussant un soupir :
Comme les amants savent bien mentir !

PIERRE

Ce qui ment, croyez-moi, c'est le refrain lui-même,
C'est votre chanson, Chrysanthème...

CHRYSANTHÈME

Cette chanson à qui vous donnez tort
N'est-elle pas l'image de mon sort ?

PIERRE

Non ! Non ! car on peut lire
Une âme sincère en votre sourire !

Oh ! ces regards, ces petits yeux...
Et cette bouche, où les aveux
Sommeillent, l'aile close.
Je vous le dis, ce n'est pas une chose
Mensongère que l'amour ;
C'est la clarté, c'est le jour !

Chrysanthème ! Chrysanthème !
Je ne mens pas, en te disant : Je t'aime !
En te tendant les bras !

CHRYSANTHÈME, devenue subitement rêveuse et regardant
longuement Pierre dans les yeux

Le dernier couplet, vous ne le connaissez pas ?
Mais la fleur longtemps encore
Garde en son cœur le baiser
Qu'elle a voulu refuser...
Elle tombe et s'évapore...

O brûlant baiser, mortelles amours :
La mousmé pleurait et pleurait toujours !

PIERRE

Chrysanthème, je jure...

CHRYSANTHÈME, du geste arrêtant la parole sur les
lèvres de Pierre, sérieuse

> Ah ! serment qui s'envole,
> Oiseau de mort de la parole ;
> Si vous m'aimez, seigneur, ne jurez plus !

Redevenue gaie et mutine

> Mais j'oubliais l'autel et la prière ;
> C'est pour les Dieux que j'ai cueilli ces grands lotus,
> Fleurs saintes qu'on révère !

Elle se dirige vers l'autel devant lequel elle s'incline.

PIERRE, contemplant Chrysanthème

> Créature bizarre et pleine de fraîcheur
> Qui me trouble et m'étonne !
> Que peut-il se passer en sa tête mignonne
> Et surtout dans son petit cœur ?

A ce moment on entend au dehors une sorte de sérénade
chantée par plusieurs voix

PIERRE, écoutant

Tiens ! Un air de chez nous... *Les compliments aux
mariés !*... Un vieil usage breton !... C'est sûrement une
idée d'Yves et des camarades !... C'est étrange comme
ces vieux chants du pays vous prennent au cœur...
lorsqu'on est loin... On dirait qu'ils vous apportent un
peu de l'air embaumé que l'on respire là-bas... sur la
terre de France !...

Entrée bruyante des amis de Pierre, bras dessus, bras des-
sous ; Yves donne le bras à Oyouki, Charles à Madame
Campanule, Raoul à Madame Jonquille, René à Madame
Fraise ; les femmes portent l'ombrelle ouverte sur l'épaule.

SCÈNE VI

LES MÊMES, YVES, CHARLES, RAOUL, RENE, OYOUKI, MESDAMES CAMPANULE, JON-QUILLE, FRAISE, puis MADAME PRUNE et MONSIEUR SUCRE.

TOUS, entrant en chantant

Eh ! madame la mariée,
Etes-vous réveillée ?...
Eh ! monsieur le mari
Avez-vous bien dormi ?
Ouvrez la porte
A de gais compagnons ;
Nous amenons
Le joyeux rire et des chansons de toute sorte !
Ouvrez la porte !

OYOUKI, s'avançant vers Pierre

Par un ciel en fête, au cœur du printemps,
C'est pitié de voir l'oiseau dans sa cage.
Pour des mariés, c'est vraiment dommage
De rester chez eux dormir si longtemps !
Eh ! monsieur le mari, madame l'épousée,
Vite ! éveillez-vous, il est clair matin !
Nous vous apportons dans notre âme un brin
De soleil, un peu de rosée !

PIERRE, embrassant Oyouki

Merci, petite belle-sœur, cela vaut un baiser !

OYOUKI, naïvement

Est-ce bien ? — Moi, je ne sais pas ! Yves m'a dit :
« Chante au grand-frère une chanson du pays, cela lui
fera plaisir. » Et comme je voulais faire plaisir à mon
grand-frère, j'ai répété la chanson qu'Yves m'avait
apprise. Voilà !...

PIERRE

Petite sœur, vous êtes charmante... Je ne connais pas
une Bretonne qui en ferait autant !... Et maintenant, mes
amis, je vous emmène tous déjeuner au *Jardin des
Fleurs*. Nous y mangerons un tas de choses exquises...

YVES, faisant la grimace

Et malsaines...

PIERRE, répétant

Et malsaines : des crevettes farcies, des crabes au
sucre, des prunes au vinaigre...

YVES

Du riz cuit à l'eau...

PIERRE

Arrosé de sauce au poisson, des fruits au poivre, des
bonbons salés ! enfin ce sera délicieux, charmant...

YVES

Et nous regretterons l'ordinaire !

PIERRE

En route !...

TOUS

En route !...

Et chacun prend le bras de sa compagne ; tous partent en chantant le refrain de la sérénade : « MADAME LA MARIÉE ! ÉTES-VOUS RÉVEILLÉE ?... » Madame Prune fait mine de donner le bras à Yves qui l'esquive et prend celui d'Oyouki. Dépitée, elle court vers l'autel de Bouddha, s'agenouille et répète son éternelle psalmodie ; Monsieur Sucre, lui, s'installe et se dispose à peindre quelques nouvelles cigognes, et le rideau baisse pendant qu'on entend le refrain lointain de la chanson.

ACTE TROISIÈME

FÊTE SUR UNE PLACE PUBLIQUE; AUX ABORDS DU TEMPLE D'OSUEVA

La Cour du Temple. — Immense terrasse dominant la ville aux pieds d'un portique qui se dresse tout d'une pièce dans le ciel de la nuit, avec une massive rigidité de colosse. Au fond, Nagasaki se déroule, à vol d'oiseau, très faiblement dessiné dans l'obscurité transparente avec des myriades de petits feux de couleurs ; puis les montagnes esquissent sur le ciel plein d'étoiles leurs dentelures exagérées, bleuâtre sur bleuâtre, diaphane sur diaphane. Et un coin de la rade apparaît aussi, très haut, très indécis, très pâle, ayant l'air d'un lac monté dans les nuages, les eaux ne se devinant qu'à un reflet de lumière lunaire qui les fait resplendir comme une nappe argentée.

Tableau lumineux et profond qui a des lointains fantastiques éclairés par la lune, et au-dessus duquel les arbres gigantesques, les cryptomérias sacrés, étendent comme un dôme leurs branches noires. Devant le Temple, des groupes de grandes fougères arborescentes et des massifs d'arbres à fleurs roses. Dans les jardins et les dépendances de ce temple se sont installées d'inimaginables boutiques de saltimbanques dont les banderoles noires bariolées de lettres au bout de hampes gigantesques flottent au vent.

..Le Temple réunit à la fois les éléments religieux et les plaisirs profanes. Une sorte de foire perpétuelle se tient dans son enceinte ; les barques se suivent et contiennent des

curiosités et des jeux de toutes sortes ; des étalages sans fin
sur des tréteaux ; des bonbons de toutes couleurs, des jouets,
des branches fleuries, des bouquets, des masques ; des marchands d'images, de livres religieux, de fleurs, de monnaies
pour jeter aux bonzes, de prières imprimées, d'oiseaux
bénis.

A gauche, la maison de thé des *Papillons indescriptibles*
aux tendelets enguirlandés de fleurs, où les mousmés et les
jeunes dandies japonais sont assis et mangent d'incroyables
petites choses, des sorbets parfumés aux fleurs, etc .., au
milieu du va-et-vient des gens de tous les pays et de tous les
costumes.

Toutes les baraques des saltimbanques et les boutiques des
marchands sont garnies de lanternes de toutes couleurs et
dont les peintures représentent invariablement des papillons
de nuit et des chauves-souris.

Au lever du rideau, le Temple tout illuminé est ouvert, les
bonzes assis, en théories immobiles ou officiant au bruit des
grelots sacrés et *des claquebois*. La foule, avec son bourdonne-
ment monotone de rires et de prières. se presse autour
d'eux, lançant à pleines mains ses offrandes avec un bruit
continuel de métal monnayé qui roule à terre.

SCÈNE PREMIÈRE

BONZES, SERVITEURS DU TEMPLE, MARCHANDS
BATELEURS, FOULE DE JAPONAIS ET DE JAPO-
NAISES, puis KANGOUROU

CHANT DES PRÊTRES, accompagné par les réponses de
la foule, les coups de la grosse cloche du temple, les son-
neries des grelots sacrés et les interruptions des claquebois.

Namou ! Amida ! Boutsou !
Ame rayonnant partout,

Fais descendre sur nous l'éclat de ta lumière !
Que le reflet de la sagesse, du bonheur
          Pénètre notre cœur
Et donne ses bienfaits aux êtres de la terre !

Le chant des prêtres terminé, la foule pousse un grand cri de
    joie et envahit les boutiques et le théâtres de la place.

LA FOULE

C'est fête ! la fête des Dieux !
Partout des cris, des chants joyeux !
Ecoutez la musique !
De toutes parts
Quel spectacle féerique
Pour nos regards !

KANGOUROU, en costume japonais à la porte du théâtre

Entrrez ! Entrrez ! Missieurs, mesdames, l'on commence !
Faut voir ! succès immense !
Drame émouvant, funèbre... Taïko
Ou l'ange de la mort... Ça dure plus d'une heure,
Et tout le temps on pleure !...
Par ici, les lutteurs !... Le rempart de Yeddo,
Le féroce
Tamba, le géant, le colosse !
Et Yssakou, missieurs,
Dont l'œil lance des feux !
Et Mitani, la terreur du Bengale,
Venu de l'Inde sans escale !...
Entrrez ! Entrrez ! missieurs.

Kangourou disparaît dans le théâtre.

REPRISE DU CHŒUR GÉNÉRAL

Au milieu du vacarme de la fête, par le petit pont pittoresque
du fond, une troupe de gamins portant des masques enva-
hit le théâtre ; puis des seigneurs, des dames riches se
rendant au temple, traversent la scène dans des palanquins
et des litières, puis plusieurs djinrickas arrivent en scène,
d'où descendent Pierre, Oyouki et Chrysanthème suivie par
Yves ; Charles et Madame Campanule, Raoul et Madame
Jonquille, René et Madame Fraise viennent ensuite. La
foule disparaît peu à peu dans les baraques et les allées.

SCÈNE II

PIERRE, YVES, CHARLES, RAOUL, RENÉ, CHRYSANTHÈME, OYOUKI, CAMPANULE, JONQUILLE, FRAISE, Marchands

PIERRE, suivi de ses camarades

Ah ! la course folle à travers les rues !
Les descentes, les hauteurs parcourues !
Et les bonds insensés
Par-dessus les fossés...
On franchit l'espace,
Tout s'envole, passe
Dans l'air
Comme l'éclair !
A peine l'on respire !
Oh ! le délire !

Le train d'enfer !
Ces coureurs, un vrai prodige !
Et ces chants, ces cris, ces fleurs
Et ce bruit, et ces lueurs !
Quel spectacle ! Quel vertige !

DES MARCHANDS et DES MARCHANDES, entourant Pierre

Proverbes et couplets,
OEuvres de grands poètes !
Médailles, chapelets !
Faites quelques emplettes !
Masques et fleurs ! demandez ! achetez !
Des colombes pour les divinités !

OYOUKI

Oh ! oui, grand frère...
Pour chacun d'entre nous, je vais
Acheter des papiers bénits, une prière
Que nous offrirons à Bouddha ?

PIERRE

J'y consens ! mais
Yves et Chrysanthème, où sont-ils donc ?

OYOUKI

Ensemble,
Tu peux en être sûr...

PIERRE, regardant de leur côté

En effet... il me semble...

Il s'éloigne avec Oyouki. Reviennent Yves et Chrysanthème.

SCÈNE III

Les Mêmes, moins PIERRE et OYOUKI

YVES

Pourquoi rêver ainsi,
Petite sœur ?

CHRYSANTHÈME

L'étrange destinée !
De compagnes environnée,
L'an dernier, je chantais ici...

YVES

Et ces jours d'autrefois, votre cœur les regrette...

CHRYSANTHÈME

Oui... quelquefois...
Ah ! la vie au grand air par les monts, par les bois,
Par les villes en fête...
Ah ! ces enivrements,
Tous ces enchantements
Que ressent l'âme
De la chanteuse qu'on acclame...
Oui ! revivre un moment ce radieux passé !
Sur cette place, aujourd'hui même
Devant tout un peuple amassé,
Chanter, chanter un beau poème
Et frissonner encore et tressaillir...
Je suis folle... mais sans mentir
Je donnerais mon bien-être, mon existence
Présente pour un seul jour d'autrefois !...

YVES, voyant Pierre qui revient

Silence !

SCÈNE IV

LES MÊMES, PIERRE et OYOUKI revenant

PIERRE, tenant à la main des papiers de riz

Qui veut des louanges aux Dieux
Du Japon, aux guerriers fameux...
Messieurs, mesdames,
Voulez-vous des prières, des réclames ?
Prenez dans le tas,
Ne vous gênez pas,
Et lisons d'une voix émue
Ce que le sort nous attribue.

A Yves

Yves, ceci pour toi,
Cela pour ton amie
Chrysanthème !

YVES.

Comme il appuie
Sur ces mots ? On dirait qu'il m'en veut... Et pourquoi ?

PIERRE, lisant

O grand Daï-Nati, lumière de la vie,
» Source d'espoir !
» Gardez-moi de la jalousie,
» De tous les péchés le plus noir ! »

Riant.

Rassurez-vous, Daï-Nati, lumière, flamme,
Jamais ce noir péché n'obscurcira mon âme.

CHRYSANTHÈME, lisant à son tour

« Un éventail, c'est le bon ami
» Qui d'un mot vous console et soulage ;
» Un bon ami, c'est l'éventail qui
» Vous fait doux au cœur, frais au visage. »

PIERRE

Parfait !... Le bon ami de Chrysanthème, c'est
       Yve, on le gagerait !

(A Oyouki qui vient d'entrer tenant dans les mains une colombe blanche à laquelle elle parle tout bas) Et toi, petite, que racontes-tu à cet oiseau qui va s'envoler dans l'espace ?... Que veux-tu qu'il demande pour toi ?... Parle, que lui dis-tu ?

OYOUKI

Colombe ! Colombelle !
Petit oiseau béni,
Monte dans l'infini
Vers la déesse, la plus pure, la plus belle.
Choisis-la bien, monte vers celle
Aux cheveux parfumés
De myrte, aux regards clairs comme un ruisseau d'au-
                        [tomne.
Elle est la sœur des oiseaux, des mousmés,
De ce qui fleurit et rayonne !
Va, mon oiseau béni.
Dis-lui :
« Vous, la plus belle, ô reine de puissance,
Conservez-moi mes bons amis de France ! »

PIERRE

Ah ! voilà qui est gentil, merci, petite belle-sœur !

Entrée de Kangourou. Les amis de Pierre, accompagnés d'Oyouki, se dirigent vers les baraques ; Yves et Chrysanthème continuent également leur promenade.

SCÈNE V

PIERRE, KANGOUROU, YVES, CHRYSANTHÈME, allant et venant dans le fond

PIERRE, à Kangourou étonné

Vous ici, monsieur Kangourou ? Quelle est cette nouvelle incarnation ?

KANGOUROU

Vi, missieu, c'est moi !... Exerçant une des branches de ma multiple industrie ! Vi, missieu ! entrepreneur de spectacles forains ! Le poète en souffre, mais le commerçant y trouve son compte ! Et cependant, missieu, tout n'est pas couleur de prune azurée dans le métier... Aujourd'hui, missieu, grand ennui, grand ennui !... Après le spectacle, après les danses, que vous verrez, n'est-ce pas, missieu ? la fête doit se terminer par les Ballades chantées par la chanteuse populaire... c'est la tradition, missieu... Eh bien, pas de chanteuse... envolée, la chanteuse, missieu ! (Répondant à un geste de Pierre) Non, non, pas ce que vous croyez... une industrie n'a pas fait tort à l'autre ; non, missieu. Pendant les fêtes du Temple, Kangourou est tout à Bouddha, Bouddha *for ever !* Vi, missieu, parle toutes les langues ! Pas de chanteuse !... grand ennui !... grand ennui !... Pas de chanteuse !

SCÈNE VI

LES MÊMES, OYOUKI

OYOUKI, venant à Pierre

Frère ! Frère ! Nous sommes à la boutique du tir à l'arc ! Je suis très adroite, tu verras !

PIERRE

Soit ! Allons au tir à l'arc. (A Kangourou) Désolé, mon cher monsieur Kangourou, désolé !... mais j'ai confiance ! Vous la trouverez, votre chanteuse !... Un homme habile comme vous l'êtes !... Vous la trouverez.

OYOUKI, l'entraînant

Mais viens donc !

PIERRE

Allons !...

Ils sortent. Kangourou remonte vers son théâtre.

SCÈNE VII

CHRYSANTHÈME, YVES, KANGOUROU

Chrysanthème et Yves redescendent en scène.

CHRYSANTHÈME

Vous le voyez, frère Yves, il nous laisse ensemble ! il

ne s'occupe même plus de moi !... Vous aviez cru qu'en excitant sa jalousie, je le ramènerais...

YVES

Dame !... Chez nous, le moyen réussit souvent...

CHRYSANTHÈME

Il le disait bien : il n'est pas jaloux !.., Comment le serait-il ? Il ne m'aime pas !... M'a-t-il jamais aimée ?...

YVES

Petite sœur !...

Ils passent.

KANGOUROU, sortant du théâtre

Pas de chanteuse ! pas de chanteuse !... (Apercevant Chrysanthème et Yves) Chrysanthème ! Bouddha me prend en pitié !... (Appelant Yves et Chrysanthème qui vont disparaître par le pont) Missieu Yves ! Chrysanthème !... (A Chrysanthème) Voulez-vous sauver votre petit Kangourou qui a toujours été bon pour vous, n'est-ce pas ?

CHRYSANTHÈME

Eh bien ?

KANGOUROU

Remplacez sur mon théâtre la chanteuse qui me manque aujourd'hui !...

CHRYSANTHÈME

Remplacer la chanteuse...

KANGOUROU

Ah ! quel succès pour vous ! quels applaudissements !...

YVES

Oui, mais le lieutenant ?

KANGOUROU

Le lieutenant, missieu Yves, il n'en [saura rien!
D'ailleurs, Kangourou entrepreneur discret! Vi Missieu,
toujours !...

CHRYSANTHÈME, à elle-même

Oui, la première fois qu'il m'a vue, c'est de la Guécha,
de la pauvre chanteuse des rues, qu'il s'est épris. Si je
tentais encore ?...

KANGOUROU

Dites oui ! Petite Chrysanthème, dites oui !...

CHRYSANTHÈME, résolue

Soit !

Elle entre au théâtre, suivie de Kangourou triomphant.

YVES, entrant le dernier

Ça réussira peut-être... au Japon!

SCÈNE VIII

MARCHANDS, FOULE de JAPONAIS et de JAPO-
NAISES, puis OFFICIERS et MATELOTS EU-
ROPÉENS.

LES JAPONAIS

L'air est pur, la foule
Lentement s'écoule ;
Mieux vaut s'attarder,
Fumer, regarder...

Ils frappent quelques légers coups de leur imperceptible pipe
contre la petite boîte à cendres qu'ils portent tous au
côté.

Pan ! Pan !

GROUPES, s'accostant et se saluant

PREMIER GROUPE

Amidah vous soit favorable !

DEUXIÈME GROUPE

Le front de Bouddha vers vous soit tourné !

TROISIÈME GROUPE

Puissiez-vous trouver du plaisir à table !

QUATRIÈME GROUPE

Que le bain vous soit agréable !

TOUS, alternativement

Du feu ? Du feu ? Merci !... J'en ai !

LES JAPONAIS

Fumer, entendre
Ce qui
Se dit, parler aussi...

Pan ! Pan !

De sa pipe jeter la cendre,
Quel agrément !
Quel enchantement !

Pan ! Pan !

LES OFFICIERS ET LES MATELOTS, entrant et regardant les Japonais qui se sont accroupis

Oh ! ces yeux ! ces mines
Tout à fait divines !...
Oh ! ces Japonais
Qui prennent le frais !

La foule s'est installée en groupes pittoresques devant le théâtre d'où sortent bientôt les danseuses. Monsieur Kangourou paraît, salue respectueusement la foule et annonce :

LES DANSES !

A la fin des danses, Kangourou paraît de nouveau, radieux.

SCÈNE XI

Les Mêmes, KANGOUROU, puis CHRYSANTHÈME

KANGOUROU

Et maintenant, missieurs, l'artiste incomparable !...
Ecoutez : une voix claire... un style admirable !...

Il rentre dans le théâtre, et amène Chrysanthème recouverte
d'un grand voile brodé aux superbes couleurs, et tenant un
masque à la main, conformément à la tradition des chanteuses populaires.

CHRYSANTHÈME

Le jour, sous le soleil béni,
La nuit sous l'étoile qui rêve,
Dans les champs, dans les bois s'élève
Un murmure infini,
Du voyageur il allège la route,
Il charme le ruisseau limpide et frissonnant.
Près des bambous, la mousmé qui l'écoute,
Sourit en se baignant.

Ecoutez !... C'est la voix des cigales !
Dans les bois d'alentour,
Sous les étoiles pâles,
Elles chantent les fleurs, la jeunesse et l'amour !

Cigales. je vous aime,
Car vous êtes mes sœurs ;
Notre sort est le même,
Chanter, bercer les cœurs...

Dans les bois, sur la route,
Nous charmons le passant,

La mousmé nous écoute
Et rit en se baignant !
Écoutez ! C'est la voix des cigales :
Dans les bois d'alentour,
Sous les étoiles pâles,
Elles chantent les fleurs, la jeunesse et l'amour !

Au milieu des acclamations de la foule, on entend soudain
retentir la cloche du temple et les grelots sacrés. La foule
se lève, prête à se diriger vers le temple.

SCÈNE X

LES MÊMES, PIERRE, puis YVES

Au milieu de la foule qui commence à s'éloigner, Pierre
a paru.

PIERRE

Non ! Je ne me suis pas trompé !... C'est Chrysanthème,
C'est sa voix même
Que j'entendais !

Il traverse la foule, prend Chrysanthème par le bras et l'attire
violemment sur le devant de la scène.

Que faites-vous ici, vous ?

CHRYSANTHÈME, confuse

Je chantais...
Ah ! je vous en supplie...
Maître, excusez un moment de folie.
J'ai remplacé
Cette guécha qui manquait à la fête...
Pardonnez-moi, j'avais perdu la tête !
Ah ! ne soyez pas courroucé !

PIERRE

Est-ce pour cela que je vous ai prise ?
La cruelle méprise !
Il vous fallait les applaudissements
De la foule, le bruit !... Mes compliments...
C'est très flatteur pour moi... Tenez, vous n'êtes qu'une...

YVES, s'interposant

Ah ! ne lui gardez pas rancune,
Frère, c'est moi qu'il faut
Gronder plutôt !...
J'aurais dû l'empêcher...

PIERRE

Silence !
Pas d'excuses ! Je suis las de votre présence !
Partez tous deux !
Oui ! J'avais bien vu tes airs langoureux...

CHRYSANTHÈME

Que veut-il dire ?

YVES, frappé

Quoi ?... Cette colère,
Ces regards de mépris,
Ai-je compris ?
Ah ! frère ! frère !
Est-ce bien vous ?
Êtes-vous vraiment jaloux ?

PIERRE

Partez tous deux, vous dis-je, allez au diable !...
Vous et le Japon
Tout entier !...

CHRYSANTHÈME, se jetant aux genoux de Pierre

J'implore votre pardon !
Maître, suis-je donc si coupable ?

YVES

Ne vous montrez pas implacable
Pour qui vous demande pardon.
Sur un geste de Pierre, Yves s'éloigne en tentant encore de se
disculper.

SCÈNE XI

PIERRE, CHRYSANTHÈME, qui est restée sup-
pliante aux genoux de Pierre, KANGOUROU

KANGOUROU, paraissant subitement entre les deux
rideaux du théâtre

Ah ! missieu, missieu, la colère,
Mauvaise conseillère !
Il s'avance doucement et, relevant Chrysantème, se place
entre elle et Pierre.

PIERRE, tout à fait impatienté

Tiens ! il ne manquait plus que vous... l'entrepreneur
De mariage !
Ah ! parole d'honneur !
Je vous engage
A venir m'ennuyer longtemps !
Car c'est vous qui m'avez embarqué là-dedans,
Vous, votre Chrysanthème, et le Conservatoire !

KANGOUROU, digne, tranquillement

Ah ! missieu ! missieu, mauvaise mémoire !

Mais tout peut s'arranger !
Missieu n'a qu'à changer :
Superbe occasion ! Mademoiselle
OEillet, très jeune, très fidèle...
L'officier russe a divorcé !...

PIERRE éclate de rire, désarmé

Merci, mon bon !
Que Bouddha vous bénisse,
Vous et vos mousmés de carton
Au sourire en coulisse !
Merci bien !...

Il s'éloigne.

Les Européens sont revenus en scène. Oyouki s'élance vers
Chrysanthème qui tombe en pleurant dans ses bras. Sur
un nouvel appel de la cloche, les prêtres sortent en procession du temple. Les fidèles s'inclinent sur leur passage,
leur jetant des fleurs. des monnaies ; ils sont escortés des
danseuses, des serviteurs du temple et suivis des litières et
des palanquins.

SCÈNE XII

CHRYSANTHÈME, OYOUKI, KANGOUROU, CAMPANULE, JONQUILLE, FRAISE, RENÉ, CHARLES, RAOUL, LES PRÊTRES, LES MARCHANDS, JAPONAIS, JAPONAISES, EUROPÉENS.

LES PRÊTRES

Namou ! Amidah ! Boutsou.
Ame rayonnant partout !
Fais descendre sur nous l'éclat de ta lumière !
Accorde tes bienfaits aux êtres de la terre !

ACTE QUATRIÈME

LE JARDIN DE LA MAISON DE CHRYSANTHÈME

A gauche, la maison praticable. Une terrasse surélevée
donne accès dans l'intérieur de la maison; quelques larges
gradins en pente douce conduisent à cette sorte de vérandah.
Le jardin plein d'arbres et de fleurs. A droite, un banc dans
un fouillis de verdure, à l'ombre d'un cerisier en fleurs. Au
loin, à travers les arbres, vue sur la rade et la ville de Nagasaki. C'est le matin.

Au lever du rideau la scène est vide, on entend les accords
d'une guitare (*samecen*) accompagnant les voix de Chrysanthème et d'Oyouki.

SCÈNE PREMIÈRE

OYOUKI, CHRYSANTHÈME

OYOUKI

Les harpes d'or qui chantent dans la nuit...

CHRYSANTHÈME

Les harpes que la brise effleure,
Ce sont les baisers des heureux,
Ce sont des rêves amoureux,
C'est un aveu qui chante et pleure !...

OYOUKI

Au fond du ciel une étoile qui luit.

CHRYSANTHÈME

L'étoile berce chaque plante,
Les dahlias, les grands lotus,
Au loin frissonnent éperdus
Sous sa douce pâleur qui chante...

OYOUKI

Et partout flotte un invisible esprit.

CHRYSANTHÈME, OYOUKI

Voix des harpes, baisers sans nombre,
Vers le ciel d'étoiles, montez !
Étoiles, parfumez notre ombre
De vos clartés !

Pierre est entré depuis quelques instants ; il écoute, ravi, les
derniers accents de ce chant.

SCÈNE II

PIERRE

Comme je suis ému !... C'est étrange ! Il me semble
Que je revois avec joie et bonheur
La chère maisonnette où nous vivions ensemble...
Il s'en exhale une fraîcheur
De jeunesse... un charme rustique...
Et puis cette musique
Douce et frêle, ces voix, ce chant pur, argentin,
Qui monte dans les vapeurs roses
Du matin !

Réveil d'été, parfum des âmes et des choses !
O magie ! Extase ! on dirait
Que je me sens renaître !
Lentement dans mon être
L'oubli se fait
Du passé, des heures lointaines.
Ai-je souffert en mon chemin,
Pleuré sur des amours ou des amitiés vaines ?
Je ne sais plus... Mon cœur est un jardin
De lumière, de fleurs écloses...
Réveil d'été, parfum des âmes et des choses !

SCÈNE III

PIERRE, CHRYSANTHÈME

Chrysanthème est entrée et va spontanément à Pierre.

CHRYSANTHÈME

Vous ne m'en voulez plus, mon doux maître ?

PIERRE

Comment ?
C'est moi qui fus injuste, violent...

CHRYSANTHÈME

Non, j'avais tort, je le confesse...
Un démon me poussait...
Elle se dirige vers le banc sur lequel elle dépose une cassette.

PIERRE

Plus de tristesse...
Que tout soit oublié ! Tu me vois là, joyeux

De retrouver ton frais visage !
Ah ! Chrysanthème, ton image
Était toujours devant mes yeux...

> Chrysanthème s'assied et ouvre la cassette.

Que faites-vous ? Ah ! oui, cette cassette
Qui m'intriguait toujours... Vos tendres souvenirs !...

CHRYSANTHÈME

Souvenirs de ma vie agitée, inquiète,
Fleurs écloses sous les caresses des zéphirs,
Vains ornements que me jetaient naguère
Des inconnus par mes chansons bercés...
Ah ! que le vent les emporte en poussière,
Puisqu'ils sont d'un temps que vous maudissez !

PIERRE, l'attirant près de lui, sur le banc

Non, garde-les, chère et mignonne épouse !
Ces souvenirs, mon âme en est si peu jalouse !
Jette les yeux parfois sur ces pauvres bouquets
Desséchés, flétris à jamais ;
Dis-toi : « C'était hier l'ivresse indifférente,
La vie errante !
Aujourd'hui, c'est le calme et c'est l'amour béni
Dans les bras d'un ami ! »

CHRYSANTHÈME

Oui, c'est l'amour, mais l'amour peu durable,
Mon cœur de mousmé se serre bien fort
Quand mes regards se tournent vers le port...
Il est là-bas, farouche, inexorable,
Le navire qui va briser
Ce lien passager,
Et tristement, je pense :
Est-ce pour aujourd'hui, pour demain la souffrance ?

PIERRE

Qu'importe demain ? Ne songeons tous deux
Qu'au charme infini de l'heure présente...
Ton regard d'enfant me berce et m'enchante.
Je suis près de toi, nous sommes heureux !

CHRYSANTHÈME

Heureux ?... Heureux ?... C'est un rève impossible
Je sais que tu me quitteras.
Ne me berce plus dans tes bras,
Le réveil serait trop pénible.

PIERRE

Apaise ton cœur éploré,
Auprès de toi je resterai.
                    Coups de canon répétés au lointain.
Cet appel...

CHRYSANTHÈME

Oui... Que veut-il dire ?... Je suis toute
Frissonnante... Rassurez-moi,
Doux maître...

PIERRE

                    Calme ton émoi ;
C'est une manœuvre sans doute,
Un simple signal...

CHRYSANTHÈME

Non, vous avez tressailli...
Je le sens, je devine,
C'est la ruine
De notre amour... Le réveil, le voici !

PIERRE

Rassure-toi, chère petite,
Sur mon cœur reviens vite.

Ma main dans ta main, mes yeux dans tes yeux,
Je suis près de toi, nous sommes heureux !

Nouveaux coups de canon. Cri de Chrysanthème. Yves entre
précipitamment

SCÈNE IV

PIERRE, CHRYSANTHÈME, YVES

YVES

Lieutenant ! Lieutenant !

PIERRE, inquiet

Eh bien ! parle ? Qu'y a-t-il ? Que veut dire ta mine
effarée ?

YVES, hésitant à parler

Je voudrais vous parler... à vous seul, lieutenant...
Affaire de service !

PIERRE, conduisant Chrysanthème vers la maison

Soit !... Chrysantème, laisse-nous ; va, et sois sans
inquiétude.

SCÈNE V

PIERRE, YVES

YVES, à mi-voix, aussitôt que Chrysanthème a disparu

Lieutenant ! L'ordre du retour est arrivé ! Nous em-
barquons à la nuit.

PIERRE, pensant à Chrysanthème

Pauvre petite! Ses pressentiments ne l'avaient pas
trompée! Elle disait vrai! C'est le réveil!

YVES

Mais frère... on vous croirait ému...

PIERRE

C'est vrai, je songeais si peu au retour... en ce moment du moins!... Allons!... Mais toi, Yves?

YVES

Moi, lieutenant, je suis heureux, bien heureux!

PIERRE, un peu incrédule

Ah!

YVES

Je reverrai dans la lande bretonne
Mon vieux clocher, ma petite maison...
C'est la belle saison,
Au loin, tout embaume et rayonne ;
Parmi les buissons, les genêts fleuris,
Les oiseaux font déjà leurs nids.
Et de tinter... de tinter en cadence,
Les voix de mon enfance,
Les cloches du hameau!

Ma femme endort et balance
Petit Pierre dans son berceau ;
Doucement, pas de bruit, il est là qui repose
Notre goéland !...
Oh! son petit bonnet blanc,
Ses cheveux si doux, si fins, que je n'ose
Les effleurer qu'en tremblant!
Puis j'embrasse Marie...
« Oh! n'est-ce pas que vous me trouvez bien vieillie,

Mon pauvre Yve ? Hélas ! j'ai tant pleuré loin de vous,
J'ai passé tant de nuits à prier à genoux ! »
Et nous nous regardons maintenant sans rien dire,
    Et notre cœur est si joyeux
    Que nous ne savons plus tous deux
Si nous allons ou pleurer ou sourire !

PIERRE, toujours un peu défiant

Alors, tu ne regrettes rien, ici ; rien ni personne, pas
même Chrysanthème ?

YVES

Ah ! si... celle-là... pauvre petite !...

SCÈNE VI

LES MÊMES, MADAME PRUNE, OYOUKI, puis MONSIEUR SUCRE, puis KANGOUROU.

Madame Prune, Oyouki font irruption dans le jardin —
Madame Prune agitée, défaite, prenant successivement
toutes les poses de la consternation croissante, — Oyouki
se lamentant.

MADAME PRUNE

Ah ! sainte Kami ! Vous partez tous deux !
Ah ! deuil de mon cœur, pleurs de ma paupière !

OYOUKI, à Pierre

Sainte Kami ! vous partez ! c'est affreux !
Ne m'oubliez pas, songez à moi, frère !

PIERRE

Petite sœur, ne pleurez pas,
A vous je songerai là-bas !

OYOUKI, à travers ses larmes

Adieu les promenades,
Le tir à l'arc, les fêtes ! Qui
M'offrira des bonbons au poivre, des muscades,
Des lanternes ?...

YVES

Pauvre Oyouki !

MADAME PRUNE, apportant des cadeaux et gémissant

Ah ! monsieur Pierre, monsieur Pierre,
En souvenir de moi, prenez ce bibelot,
Ce petit dieu pour étagère.

OYOUKI, offrant des cadeaux à son tour à Yves

En souvenir d'Oyouki ce magot
D'ivoire !...

MADAME PRUNE, à Yves

Comme gage
De ma tendresse, cette image !...

OYOUKI, à Pierre

Ces beaux lotus, ces quelques fleurs
Où sont tombés mes pleurs !...

MADAME PRUNE, à Pierre

Cette déesse en porcelaine !

PIERRE, très touché, mais ne sachant que faire de tous ces
objets

Merci... merci...
Entrée de Monsieur Sucre toujours très digne, un énorme
rouleau à la main

Tiens, le mari !... Fâcheux excès
De prévenances !...
Monsieur Sucre esquisse par geste la chanson des Cigognes.
Il veut chanter.

PIERRE

Ne vous donnez pas la peine !
Oui, oui, je sais :
Les deux becs d'abord, les pattes ensuite,
Puis le dos, la queue, en allant très vite...

A Yves

Je ne pouvais les éviter...

Monsieur Sucre donne le fameux rouleau à Pierre

Ah ! Bien
Merci... Talent ! Génie ! Admirables besognes !
Deux coups de pinceau... Crac !

A Yves, lui passant le rouleau

Yves, à toi les cigognes !

YVES

A présent je ne crains plus rien,
Nous partons !...

Entrée de Kangourou

KANGOUROU

Missieu ! Missieu ! pleurs ! tristesse
Pour moi, pour ces dames, pour tous !
Partir déjà, vos camarades, vous,
L'équipage !... Amer destin !... Nuit épaisse !
Lendemain noir, décourageant !
Regrets, mélancolie !
Beau sujet d'élégie,
Mauvaise affaire pour l'agent...
Penserez à moi, voudrez bien m'écrire ?

PIERRE

Comment donc ! mon cher monsieur Kangourou !
Votre souvenir me suivra partout.

KANGOUROU

Recommanderez à prochain navire ?

Comme se rappelant tout à coup et tirant de sa manche une
longue pancarte

Ah ! désolé, missieu... Mais adieu sans retour...
Fatal départ... Petite note pour
Blanchissage de Missieu, de Madame...

PIERRE, dépliant la pancarte et ironiquement

Ah ! blanchissage seulement,
Monsieur Kangourou ?

KANGOUROU, se redressant

Oh ! soupçon blessant !
Navré dans l'âme...
Kangourou toujours agent gracieux !

YVES

Oui, mais blanchisseur vraiment ruineux !

A ce moment, la scène des larmes, des adieux recommence
de plus belle. Tous s'agitent, gémissent en même temps,
désolés. Yves remonte avec Kangourou auquel il va payer
sa note. Madame Prune, Oyouki, Monsieur Sucre vont et
viennent dans la maison. Chrysanthème paraît, silencieuse,
résignée en apparence. Pierre s'empresse au-devant d'elle.

SCÈNE VII

PIERRE, CHRYSANTHÈME, seuls en scène

CHRYSANTHÈME

Je sais que vous partez...

PIERRE

Allons, séparons-nous, ma petite mousmé.
Quittons-nous bons amis sans trop verser de larmes.
Mon séjour au Japon n'a pas manqué de charmes

4

Grâce à ton fin minois souriant, parfumé !
Tu m'as donné, ma pauvre Chrysanthème,
Le meilleur de toi-même :
Ton sourire éternel,
Tes révérences et tes chansons matinales...
Va, je me souviendrai de toi, de votre ciel,
Du Japon, des jardins fleuris et des cigales
Qui murmurent toujours !
Adieu, petite femme,
A nos courtes amours
Gardons une pensée en un coin de notre âme...
Adieu !...

Chrysanthème, silencieuse, s'abandonne à Pierre qui la serre
dans ses bras. Il va pour s'éloigner, Chrysanthème veut
parler. Il revient vers elle.

CHRYSANTHÈME, avec effusion, à voix basse

Pas encore... Au revoir !
Avant votre départ, viens m'embrasser ce soir !
Pierre l'embrasse une dernière fois et s'arrache de ses bras.

SCÈNE VIII

LES MÊMES, MADAME PRUNE, OYOUKI, YVES,
MONSIEUR SUCRE, KANGOUROU

Madame Prune, Oyouki, Monsieur Sucre, Monsieur Kangourou, tous portant des paquets, sont revenus ; Yves les suit.
Ils entourent et accompagnent Pierre qui s'éloigne en
disant à Yves :

PIERRE

Yves, remplis ton office,
Surveille bien

Tous les apprêts... N'oublions rien...
A ce soir... Je cours prendre mon service !

Pierre embrasse une dernière fois Oyouki, évite Madame
Prune qui fait mine de se jeter dans ses bras. Monsieur
Kangourou et Monsieur Sucre accompagnent Pierre avec
force saluts et protestations. Tristement, Chrysanthème est
descendue vers la droite du jardin, elle se laisse tomber
sur le banc. Yves la rejoint.

SCÈNE IX

CHRYSANTHÈME, YVES, puis **PIERRE** qui entre
et sort aussitôt

YVES, avec amitié

Pauvre Chrysanthème !...

CHRYSANTHÈME, l'interrompant

Frère Yves, laissez-moi mon courage... Ecoutez moi...
Quand vous serez partis... loin... bien loin d'ici...

Elle continue à lui parler sans entendre Pierre qui est
revenu et appelle : Yves, Yves ! Pierre s'arrête brusquement,
voyant Chrysanthème et Yves l'un près de l'autre.

PIERRE

A merveille ! Ne troublons pas la scène touchante des
adieux d'Yves et de madame Chrysanthème ! Triple sot
que j'étais !... Et moi qui m'étais laissé attendrir un
instant ! Revenir ce soir.., A quoi bon ? J'en sais assez !
Adieu madame Chrysantème, et bonne chance !

Il remonte et sort par la maison.

CHRYSANTHÈME, continuant la conversation commencée
et remettant une lettre à Yves

... Il n'aurait pas voulu m'éconter ni me croire... il

aurait ri, peut-être... et j'en aurais eu du chagrin ! (Elle se lève.) Adieu, frère Yves. Gardez mon souvenir !

YVES, ému

Adieu !

Lentement, des dessous et du cintre du théâtre, comme après le prologue, des nuages s'élèvent et descendent, au travers desquels un soleil lumineux resplendit ; l'orbe s'en rétrécit peu à peu et s'enfonce à l'horizon, c'est le soleil couchant qui descend dans la mer. Quand il a tout à fait disparu et que l'ombre s'est faite, les nuages s'effacent et laissent voir le décor du prologue.

ÉPILOGUE

En mer, deux heures du matin, ciel plein d'étoiles. — La passerelle d'un bâiment de guerre sur laquelle se tiennent Pierre et Yves regardant au loin la ville dont on aperçoit encore vaguement les dernières lumières.

Dans la hune du grand mât, la voix du gabier s'élève à travers le silence.

LA VOIX DU GABIER

Quand les Bretons voyaient passer dans la campagne
Saint Yves revêtu de son vieux manteau gris,
Ils se disaient que Dieu l'avait mis en Bretagne
Pour défendre des grands, les faibles, les petits !...

Un court silence pendant lequel continue la symphonie.

YVES

Lieutenant...

PIERRE, un peu sec

Yves ?

YVES

Le Japon... il est loin à cette heure. Les dernières lueurs s'éteignent lentement...

PIERRE, sèchement

Oui !

YVES

Comme vous dites ça, lieutenant ?

PIERRE

Je le dis comme je le pense !

YVES

Et Chrysanthème ?

PIERRE

Chrysanthème ! Je crois qu'elle te manquera plus qu'à
moi.

YVES, peiné

Ah ! frère, vous voilà l'esprit encore plein de mau-
vaises pensées !

PIERRE

Eh bien ! soit ! parlons-en pour n'y plus revenir !
J'étais là... dans le jardin... Je vous ai vus ensemble au
moment du depart ! Sous le feuillage, ta bouche effleurait
son visage, tu buvais son regard...

YVES

Ah ! ne connaissez-vous plus Yves ? Avez-vous pu
croire qu'il lèverait les yeux sur la femme de son lieutenant ? D'ailleurs, la pauvre Chrysanthème vous aimait...
La preuve, la voici !...

PIERRE, prenant la lettre des mains d'Yves, railleur

Une lettre ?

YVES, continuant

Quand vous serez partis... loin... bien loin, disait-elle,
remets-lui cette lettre, elle lui dira bien naïvement ce
que je n'aurais osé lui dire tout haut... il n'aurait pas
voulu m'écouter... ni me croire... il aurait ri, peut-
être ?... et j'aurais eu du chagrin !

PIERRE, ému, prend la lettre. Il la déplie lentement, puis
il lit doucement

« ... Tu n'as pas cru à mon amour !... Fallait-il donc
t'embarrasser d'une petite femme capricieuse, volontaire,
comme le sont, dit-on, vos femmes d'Europe, ce qui les
fait paraître plus aimantes ! Pardonne-moi cette audace,
j'ai voulu me garder une petite place dans ton souvenir...
je n'ose pas dire dans ton cœur... je sais bien, hélas !
qu'il n'a jamais été à moi ! Tu l'as dit : Je n'étais pour
toi qu'une poupée, une mousmé... mais si j'ai pu te voir
partir le sourire aux lèvres... je veux que tu saches,
quand tu seras loin, bien loin de moi... qu'au Japon
aussi il y a des femmes qui aiment et... qui pleurent !... »

YVES

Eh bien, frère, je vous le disais bien... là-bas comme
chez nous, les femmes...

PIERRE, ému

Sont toujours des femmes !

FIN

Saint-Amand (Cher). — Imp. PIVOTEAU & Fils

Saint-Amand (Cher). — Imp. PIVOTEAU & Fils.

www.ingramcontent.com/pod-product-compliance
Ingram Content Group UK Ltd.
Pitfield, Milton Keynes, MK11 3LW, UK
UKHW022121070726
13613UKWH00003B/1201